AF229005

DISCOURS

PRONONCÉ AU MARIAGE

DE M. LOUIS-ALBERT VICOMTE

DE CHAMPEAUX-VERNEUIL

ET DE

MADEMOISELLE CLÉMENTINE - MARIE - LOUISE - SOPHIE

HASSLAUER

DANS L'ÉGLISE SAINT-ANDRÉ-D'ANTIN

Le 5 juin 1866

Monsieur, Mademoiselle,

Dans un temps où le plaisir est regardé et poursuivi comme l'unique affaire, tandis que les graves intérêts de la vie de famille, de la vie sociale et de la vie chrétienne sont compromis, parce qu'on s'est tristement habitué à les traiter comme des devoirs vulgaires, on ne se prépare pas consciencieusement à l'époque pourtant décisive du mariage, et cette démarche si solennelle est envisagée par plusieurs tout au plus comme une cérémonie qu'il est de bon ton d'accepter. Voilà pourquoi le prêtre catholique, constitué par une autorité divine le dispensateur des Sacrements et le frère servant des âmes, éprouve un serrement de cœur quand il est obligé, par son ministère, de donner une bénédiction que Dieu ne ratifie pas toujours, parce que ceux qui viennent la demander n'ont rien fait pour la mériter.

Aujourd'hui, et j'en remercie Dieu, je n'ai rien à

craindre, je n'ai pas peur de bénir, car je suis en face de deux Chrétiens qui aiment, au moins autant que moi, leur Père qui est au ciel, et, si j'éprouve une émotion, c'est un sentiment de bonheur dont mon âme est pleine comme ami et comme prêtre surtout.

Je le dis tout haut, non pas comme éloge, on ne m'en saurait pas gré, d'ailleurs on ne félicite pas quelqu'un pour un devoir accompli, je le dis comme consolation pour le vénéré pasteur de cette paroisse, comme garanties de l'avenir pour les deux mères qui ont tant prié et comme exemple à suivre pour ceux qui m'entendent et deviendront un jour chefs de famille à leur tour.

Comprenons bien, mes Frères, l'imposant spectacle que nous avons sous les yeux, en nous rappelant l'enseignement de l'Église sur le grand acte qui va s'accomplir et dont nous allons être les témoins.

L'amour humain a été transfiguré, le contrat conjugal a été surélevé par Dieu et transporté dans l'ordre surnaturel par Jésus-Christ, qui en a fait un Sacrement de son Église, pour sanctifier l'union des époux et rendre plus faciles les devoirs qu'il leur impose.

Voilà pourquoi le Sauveur, un jour, a voulu lui-même et en personne partager la joie des deux époux dont il est parlé dans l'Évangile ; voilà pourquoi l'apôtre saint Paul disait du mariage : « Ce Sacrement est grand, je dis en Jésus-Christ et dans l'Église. »

Comme aux Noces de Cana, le Sauveur est ici pour bénir, par sa présence, l'union de deux cœurs si bien faits l'un pour l'autre.

Ils ont la même foi, les mêmes principes d'honneur. c'était juste que la Providence leur ménageât une bonne rencontre.

Depuis, leur affection mutuelle a grandi sous le regard de deux mères vigilantes qui leur sont demeurées si exclusivement dévouées.

Les liens de cette union commencée sous de si heureux, je pourrais presque dire sous de si miraculeux auspices, n'ont fait que se resserrer davantage, et voilà qu'aujourd'hui ils viennent en demander à l'Église la solennelle consécration.

Le Pontife de Rome, le grand et bon Pie IX, les a bénis, Dieu se montrera meilleur encore que son Vicaire, car bien des fois ils sont allés lui faire une bonne visite et l'inviter à venir.

Donnez-leur, vous aussi, mes Frères, une sympathie toute chrétienne, en priant pour eux, afin que Dieu leur accorde la plénitude de la grâce sacramentelle ; c'est pour cela qu'ils vous. ont appelés.

Comme je suis heureux, Monsieur, de votre bonheur d'aujourd'hui ! Vous avez bien providentiellement rencontré l'épouse que vous cherchiez et que l'on demandait si ardemment à Dieu pour vous ; vos vœux sont satisfaits, votre cœur surabonde de joie ; vous avez bien voulu me faire le confident de vos espérances, je sens le besoin de vous dire, à mon tour, combien je suis heureux de les voir réalisées, et, si j'ai désiré vous le dire tout bas, mon hésitation ne vous a pas trop contristé, j'aurais voulu voir ici un plus digne que moi.

Comme je me réjouis pour vous, Mademoiselle ! car Dieu lui-même vous a envoyé cet ami fort et dévoué, ce compagnon fidèle qui vous soutiendra dans les durs labeurs de la vie, dont la foi a su échapper au péril de la contagion générale, et qui vient vous offrir, au pied d'un autel cher à tous les deux, un cœur que je sais bien aimant, une âme que je crois bien religieuse.

Il vient vous l'offrir, sous le patronage d'un évêque militant dont la bienveillante amitié vous est acquise ; sous les yeux de parents et d'amis dont la prière sera d'autant plus fervente que leur affection est plus vive.

Après avoir entendu l'ami, laissez le prêtre parler.

Cette foi, qui est un don de Dieu, cette éducation chrétienne, cette fortune même, ce sont des éléments de bonheur que Dieu vous a bien largement départis et que vous n'avez pas le droit de garder stériles.

Si vous voulez en tirer le bénéfice, et c'est pour vous un devoir, que votre amitié soit indulgente, comptez toujours l'un sur l'autre, prévenez-vous mutuellement, au lieu de vous attendre dans toutes les circonstances. surtout dans les moindres détails de cette vie à deux qui va commencer aujourd'hui.

Malheur aux époux qui n'ont pas pris garde, dès le commencement, à ces petits froissements de la vie intime, car ils troublent la paix et souvent engendrent, à la longue, une froide urbanité qui finit par isoler et glacer les cœurs.

Si quelquefois il vous en coûte, après tout, n'oubliez pas que le sacrifice est la pierre de touche de la véritable amitié, comme il est aussi la manifestation nécessaire de l'esprit chrétien bien compris.

Du reste. vous vous aimerez tant que, pour entretenir cette bonne harmonie, l'abnégation vous paraîtra facile

au lieu d'être une peine, ce sera presque une jouis-
sance, et puis vos deux anges de la terre sont là ; leur
exemple vous soutiendra ; l'épreuve qu'elles ont si no-
blement acceptée me semble pour vous une chance de
bonheur de plus ; elles ont bien souffert, elles ont bien
pleuré, et, en vertu de la reversibilité des mérites,
j'aime à croire qu'elles ont largement acheté votre bonheur et préparé pour vous une vie heureuse.

Monsieur et tendre ami, aimez bien toujours cette
épouse que la Providence vous destinait ; aimez-la
comme Jésus-Christ a aimé son Église ; voilà l'idéal et
le modèle que la religion vous propose aujourd'hui, et
n'en soyez pas étonné, on va si loin, on monte si haut
avec le cœur, quand il se laisse diriger par la pensée
chrétienne !

Le Christ a voulu vivre, souffrir et mourir pour son
Église ; il a réalisé pour elle ses pensées les plus di-
vines, il a dépensé pour elle ses énergies les meilleures ;
faites tout cela pour l'épouse qu'il vous a choisie.

Donnez-lui cet amour généreux et constant auquel
elle a droit et que vous allez lui promettre.

En l'aimant, protégez sa foi, respectez cette noble
simplicité qui vous l'a fait trouver si belle et surtout si

bonne ; continuez avec elle cette tradition de la charité. Ah ! la charité, c'est la devise de toute la famille, elle ne pourra que rehausser la vôtre.

Son digne père, cet homme au cœur si généreux, à l'âme si grande, toujours ouverte aux malheureux, et que l'on appelle encore aujourd'hui le bienfaiteur intelligent de son pays, une aïeule vénérée que l'on nommait si justement la mère des pauvres, lui ont légué ce doux héritage.

C'est peut-être une mission difficile, car elle a été si bien commencée, si fidèlement continuée jusqu'ici par une mère qui a renoncé à tous les plaisirs du monde pour se consacrer sans réserve à Dieu, aux siens et aux pauvres, mais sa fille lui succédera dignement, parce que vous l'aiderez.

Tous ceux qui la connaissent comptent sur vous, et ce matin encore, je le sais, une population tout entière, reconnaissante du dévoûment chrétien de la famille dans laquelle vous allez entrer, était agenouillée au pied de l'autel de Dieu, à côté de la tombe du père et de l'aïeule, en priant pour le gardien d'une vie qui leur est chère.

C'était la prière du pauvre, elle ne sera pas stérile.....

Et vous, bien chère sœur, aimez et honorez votre époux, comme l'Église aime et honore Jésus-Christ.

Aimez-le sans crainte aucune; c'est un ami et non un maître; la religion lui défend de prendre ce nom-là; si elle lui en donne l'autorité, c'est pour vous protéger et vous défendre.

Donnez-lui votre tendresse comme à l'ange tutélaire de la maison : « Il arrachera pour vous les épines du « chemin de la vie, tandis que vous ôterez pour lui les « ronces du chemin du ciel. » C'est une parole qu'il ne reniera pas et que je suis bien heureux de vous rappeler, car elle résume vos devoirs et les siens.

Ne lui refusez pas la manifestation de cette tendresse, il aura besoin d'être encouragé et réjoui par vos soins empressés et assidus.

N'ayez pas peur de tant donner aujourd'hui; comme garanties, déjà vous avez reçu ses promesses, et tout à l'heure il va jurer de garder fidèlement ce qu'il a promis; or, si dans le monde on a foi à la parole d'un homme d'honneur, celle d'un gentilhomme chrétien est sacrée !

Il ne fera pas mentir son sang; l'honneur, la loyauté, la religion, ce sont des mots qui ont retenti de bonne heure à son oreille; ce sont des vertus qu'il a trouvées personnifiées au foyer domestique, qu'il a reçues comme héritage d'un père si distingué dans ses relations de société, si fidèle à ses amis, malgré l'épreuve qui, pour les âmes vulgaires et égoïstes, est souvent le motif d'un honteux abandon, mais surtout si chrétien dans sa mort.

Ce sont là des choses qu'un fils n'a pas le droit d'oublier, quand, depuis l'enfance, une pieuse mère les lui rappelle en lui donnant l'exemple de la fidélité dans l'affection, malgré la séparation prématurée.

Honorez votre époux comme l'Église honore Jésus-Christ, par votre inébranlable fermeté dans la conduite des affaires qu'il vous confiera, par votre courage, si, avec les joies de l'épouse, Dieu en multiplie les devoirs.

Vous le rendrez heureux et fier, si vous acceptez, comme règle de votre vie, une autorité pleine d'indulgence avec vos inférieurs, une dignité sans raideur avec vos égaux, et c'est ainsi que vous réaliserez le portrait de la femme forte que l'Esprit-Saint a louée par la bouche du Sage.

Comme au jour de votre première communion, vous

avez voulu que la Vierge Marie reçût vos serments, comme elle a reçu vos promesses d'enfant.

C'est une pensée très-chrétienne; vous avez bien fait; un cœur que la Mère de Jésus a pris sous sa protection est bien gardé, j'en ai la douce expérience; Marie gardera les vôtres, elle saura bien empêcher la désunion sur la terre, elle saura bien les réunir un jour avec ceux qui vous ont devancés dans l'éternité!

VIERGE FIDÈLE, PRIEZ POUR EUX!

PARIS. — IMPRIMERIE VICTOR GOUPY, RUE GARANCIÈRE, 5.